# LA FRANCE

ET

## LES INTERVENTIONS

PARIS

IMPRIMERIE BALITOUT, QUESTROY ET C$^e$,

7, rue Baillif, et rue de Valois, 18.

# LA FRANCE

ET

## LES INTERVENTIONS

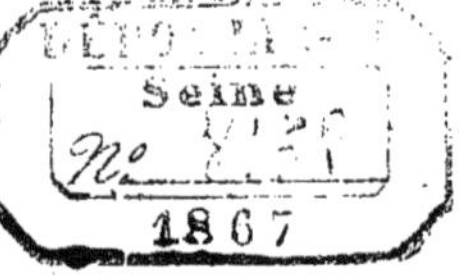

PARIS

E. DENTU, LIBRAIRE-ÉDITEUR

PALAIS-ROYAL 17, ET 19, GALERIE D'ORLÉANS

1867

# LA FRANCE

ET

# LES INTERVENTIONS

---

La guerre ne se fait pas par plaisir, elle
se fait par nécessité. Et à ces époques de
*transition* où partout, à côté de tant d'élé-
ments de prospérité, germent tant de causes
de mort, on peut dire avec vérité : Malheur
à celui qui le premier, donnerait en Europe
ce signal d'une collision dont les conséquences seraient incalculables !

(*Pensée tirée des œuvres de Napoléon III.*)

## I

Nous traversons parfois dans la vie des heures de
profonde inquiétude, entretenue en nous par l'ignorance de l'avenir ou par l'anxiété qu'il nous cause ; soit
que nous attendions un changement favorable à nos
vues, soit plutôt que nous vivions dans l'appréhension
d'évènements de nature à nous inspirer la crainte.

Ce sentiment de malaise profond se retrouve au
même degré dans la vie des peuples. Il se produit surtout à l'approche de ces transformations imprévues et

redoutées, que des évènements soudains ou attendus menacent d'apporter sur la scène du monde, et dans les conditions d'existence de chacun d'eux.

Nous vivons dans l'une de ces heures. Tous les faits en voie de s'accomplir en Europe ont éveillé l'attention de la France; ils ont soulevé parmi nous une émotion bien légitime. Aussi a-t-on vu rarement l'opinion publique trahir plus d'inquiétude et plus de trouble.

Si nous n'éprouvons aucune crainte pour notre indépendance nationale, pour l'honneur de notre drapeau, pour notre réputation militaire, nous ne pouvons néanmoins porter nos yeux au-delà du Rhin et des Alpes sans nous recueillir et nous interroger. Quelle interprétation attacher à ces faits ? Quelle importance leur accorder ? Quelles conséquences en déduire au double point de vue de l'intérêt et de la dignité du pays ? Faut-il envisager avec sang-froid ce qui se passe chez les nations voisines, ou bien ne pas les perdre un seul instant de vue ? Fallait-il intervenir comme nous venons de le faire ou continuer à marcher en paix dans la voie de nos destinées ?

Pas une de ces voix éloquentes et connue de la patrie, dont les enseignements ou les inspirations ont si souvent guidé sa marche, n'a voulu s'élever pour lui dire : « Réjouis-toi : la gloire et la prospérité t'attendent, ou bien pour lui crier : Veille sans relâche, car le danger s'approche ! » Il semble qu'aucun de ces hommes qui représentent l'intelligence de notre époque, ne veuille se hasarder à risquer un conseil. Seul, le gouvernement, chargé du poids de sa lourde responsabilité, c'est-à-dire forcé d'opter sans cesse entre la conservation de la paix ou l'acceptation de la guerre, le gouvernement continue à préparer l'avenir, mais nul ne voudrait dire si au terme de la route, il n'entrera pas sous un nouvel et brillant horizon de gloire, ou s'il ne roulera pas au fond d'un abîme.

En toutes choses, la responsabilité de chacun se mesure à l'importance de l'initiative dont il a usé. Or, notre gouvernement seul a fait la situation ; lui d'abord a montré l'exemple, puis il a encouragé ceux qui, après lui, ont voulu modifier la carte de l'Europe. Cette Italie, au sujet de laquelle nous nous sommes tant passionnés depuis 15 ans, n'a-t-elle pas instruit et formé cette Prusse, vers laquelle nous regardons avec inquiétude, reconnaissons-le. Le canon tiré en Lombardie a trouvé son écho en Bohême ; Solferino, la première page glorieuse dans l'histoire de l'unification de l'Italie, a engendré Sadowa, le premier brillant fait d'armes dans la restauration de l'unité allemande. Devant ce droit des nationalités, dont nous avons les premiers arboré le drapeau, devant ce droit qui maintenant, s'affermit ou s'impose, sans que ceux qui le tiennent de nous se soucient de notre assentiment, notre attitude se modifiera-t-elle ? Ce que nous avons fait, nous faut-il le défaire ? A l'Italie, qui veut posséder Rome, irons-nous arracher ses provinces pour lui ôter toute possibilité de revendication ultérieure. Et nous, fils du dix-huitième siècle, nous qui, des premiers, avons fait briller dans les ténèbres de l'ignorance du monde les rayons lumineux de la libre pensée, finirons-nous par nous montrer plus catholiques que les Italiens, par nous ranger après ceux qui, en religion, ont si longtemps compté parmi les plus arriérés des peuples ?

## II

Puisse seulement la guerre avec l'Italie ne pas nous donner le signal de la guerre avec l'Allemagne ! Quand deux nations poursuivent un même but, leur communauté d'intérêts les rapproche, la solidarité s'établit entre elles par la force des choses.

Certes, il faut déplorer la fiévreuse impatience des Italiens. Il faut regretter amèrement qu'il leur manque la générosité de laisser s'éteindre en paix, et sur son trône pontifical, un vieillard dont la souveraineté fut achetée au prix de tant de mauvais jours, dont la majesté auguste fut incessamment assaillie par les soucis et les angoisses, dont la grandeur, en un mot, fut abreuvée de tant d'amertume. Cependant, comme la question à résoudre est plus importante et plus élevée ; comme il s'agit plus de principes que de personnes, s'ils continuent à revendiquer Rome, et si, par la force, vous prétendez les en empêcher, ce sera vous, songez-y, vous qui aurez tiré les premiers coups de canon mais vous ne savez pas quand vous pourrez tirer les derniers.

Voilà que devant vous s'est dressée une question, et bien autre que celle du pouvoir temporel. Quittez le sud, montez à l'est ; regardez là, derrière ce fleuve, et vous y verrez un grand peuple, poussé toujours par ses gouvernants à la peur de la France, à la haine de tout ce qui est français. Là est l'embarras, là est le danger, là serait l'intervention, si toutefois encore il est de notre intérêt d'intervenir.

Savez-vous qu'ils sont là plus de quarante millions d'hommes ! Et savez-vous encore, à tous ces millions d'hommes, pour se réunir sous un même sceptre, pour se grouper autour d'une seule volonté, savez-vous ce qu'il manque? Ah ! peu de chose, un simple signal ; celui d'une parole menaçante et perçue du côté de la France.

### III

Intervenir pour empêcher, ou même seulement pour retarder l'unification de l'Allemagne, voilà le sûr moyen d'amener le prompt achèvement de cette unification. Si, par dessus tout, nous tenons à la gloire de notre patrie, il ne faut pas penser que nous seuls avons reçu le don de la fierté nationale.

Il nous faudrait, après des préparatifs de toutes les sortes, nous faire illusion à nous-mêmes; oublier que nous entreprenons la destruction du droit des peuples, soutenu jusqu'ici par nous, et nous lançant ensuite dans une campagne aussi dangereuse que celle de 1813, marcher résolument à la victoire ou à la défaite. Examinons rapidement les résultats de l'une et de l'autre.

Voici d'abord l'hypothèse de la victoire, et voici ce qu'elle nous révèle. Opiniâtre et désespérée, la lutte a fini à notre avantage. Nous avons laissé bien des nôtres sur le territoire allemand, et nous avons sacrifié peut-être un milliard pour les y conduire. N'importe, tout est terminé. Il ne s'agit plus que de tirer parti d'un succès chèrement acheté.

Nous cherchons, et ne voyons pas autre chose que le maintien du *statu quo*. C'est-à-dire qu'en fortifiant chez les Allemands la haine de la France, nous les laissons avec le désir ardent d'une revanche, qu'ils ne manqueront pas de chercher à prendre, le jour où ils retrouveront un nouveau Bismark.

Ou bien, reprenant et réalisant un rêve souvent caressé en France, nous arrondissons notre territoire par l'annexion d'une partie de leurs provinces. Que gagnons-nous? En la rendant inévitable, nous rapprochons l'heure d'une lutte nouvelle et sans merci. Ce n'est pas tout. Avant cette heure des combats nouveaux, serons-nous satisfaits moralement? Ce sentiment de la justice, qui maintenant plus que jamais, doit prendre place dans les relations des peuples, ce sentiment de la justice, en vain essayerions-nous de lui donner le change et de l'étouffer en nous; supérieur à tout raisonnement spécieux, il nous flétrirait nous-mêmes, le jour où nous jouerions vis-à-vis d'une partie de l'Allemagne un rôle qui nous a si longtemps attristés et indignés : le rôle de l'Autriche vis-à-vis de la Vénétie, le rôle de la Russie vis-à-vis de la Pologne.

Si notre patriotisme doit souffrir de l'examen d'une seconde hypothèse, la raison nous fait un devoir de ne le pas négliger.

Cette fois, nous ne sommes plus les vainqueurs. Notre sol ne nous appartient plus. Il est jonché, il est vrai, de bien des corps des Allemands, mais plus encore de ceux des nôtres. Ardent et impitoyable, le Richelieu d'outre-Rhin réfléchit à son tour, il songe à retirer profit de sa victoire.

Placé à la tête d'un parti encore nombreux et puissant, qui hait par dessus tout l'esprit démocratique des institutions françaises ; lui-même, ennemi de la France, non par instinct naturel, mais par nécessité politique, il se trouverait, voulût-il y résister, débordé par cette aspiration du pangermanisme qui prétend reculer les limites de notre pays aux montagnes des Vosges. Dans cette situation, il n'hésiterait pas, et se taillerait une Pologne dans nos provinces de l'Est.

Écartons, s'il le faut, cette supposition douloureuse, mais rappelons, pour conclure, cette leçon du passé : le premier empire avait voulu abattre la domination prussienne, il a cru un instant l'avoir anéantie, il l'a laissée, en définitive, double en force et en territoire de ce qu'il l'avait trouvée d'abord.

## IV

La seule chance qui pourrait s'offrir et neutraliser pour nous les dangers de la situation où nous nous trouvons vis-à-vis de l'Italie, et surtout vis-à-vis de l'Allemagne, serait que le parti de la Croix, ce parti de l'aristocratie militaire prussienne, antipathique à la nation elle-même, poussé à la fois par son orgueil, par sa victoire et par notre attitude des derniers temps, en vienne à dépasser toutes les bornes. Il faudrait que le brutal système adopté par le cabinet de Berlin, pour unifier les pays récemment annexés, effrayât ceux qui se voient, dans un avenir plus ou moins prochain, exposés à subir ses lois. On pourrait alors espérer que les princes et les peuples, devant les empiètements continuels et les entreprises toujours plus agressives de la Prusse, ne puissent se tenir de lancer une énergique protestation en faveur de la justice méconnue, et qu'ils en arrivent à voir dans une intervention française, non une entreprise contre leur indépendance nationale, mais un acte de réparation et d'équité.

Certes, nous pourions ne pas craindre d'engager la lutte, si nous avions cette certitude acquise, que la majorité de la nation allemande nous verrait combattre uniquement pour faire prévaloir les droits de la justice sur les désirs d'une ambition sans freins.

V

Mais si la cause des peuples vient à se disjoindre de celle des princes, si, malgré tous les excès de la Prusse, et malgré ses fautes, et malgré ses violences, le sentiment national germanique en vient à s'accuser avec une irrésistible force, si le désir de faire partie d'un seul et grand peuple saisit le cœur des Allemands, au point de leur faire oublier tous les torts du seul régime en état de leur réaliser ce désir; si le regret exprimé par la France devant cette transformation leur paraît une menace, et si la menace leur représente un danger, alors, oh! alors, ils se lèveront tous, tous comme en 1813, et parce qu'ils auront pour eux le droit, qu'ils combattront pour la justice, qu'ils tomberont sur les champs de bataille pour la défense de leur nationalité, après bien des combats, bien des défaites peut-être, et bien du sang versé, ils nous refouleraient, nous les vainqueurs d'un jour, ils nous refouleraient, vaincus, sur nos frontières.

Donc, pas d'exaltation inutile, pas de faux enthousiasme, pas de patriotisme mal entendu ! On ne peut trouver ni profit, ni sécurité, ni gloire, à placer l'intérêt d'un pays en dehors des indestructibles principes du droit et de la justice. Et ces trente petits peuples qui couvraient le sol de l'Allemagne, ils ont le droit de n'en former qu'un seul, s'ils jugent avoir été trop longtemps séparés. Et quand bien même nous serions assez forts, quand cela nous serait facile, il y aurait iniquité à vouloir les en empêcher.

Nous avons introduit dans le monde ce principe des nationalités, demeuré si longtemps inconnu ; nous avons facilité les grandes agglomérations d'hommes ; nous avons dit aux nations de l'Europe ; « Pour obéir à toutes les exigences du vieil équilibre européen, nous avons épuisé tour à tour, et nos trésors par des armements incessants et coûteux, et la source de nos générations par le sacrifice constamment renouvelé de nos hommes les plus vigoureux, les plus sains et les plus jeunes. Essayons à présent quelque chose de meilleur, laissons se grouper les divers peuples qu'une communauté de langage, de mœurs et d'intérêts porte à se fusionner les uns dans les autres, et que de cette fusion sorte un état de choses nouveau, mieux établi sur l'équité ; un système qui permette aux nations de vivre chacune dans sa grandeur et dans sa force, sans

ressentir ni crainte, ni jalousie, ni haine. Les moyens
de communication inventés par le génie de l'homme
ont amené entre elles des relations plus fréquentes,
que les traités ont rendues plus faciles; marchons à
présent dans cette voie nouvelle, où nous convient
d'entrer tous les progrès d'industrie faits par chacune
de nous depuis un siècle.

Après avoir tenu ce langage à l'Europe, langage si
digne de la grande nation, qui, non contente d'avoir
trouvé les principes d'un nouveau droit social, essaie
encore de faire pénétrer dans le monde les principes
d'un nouveau droit des peuples, nous nous démenti-
rions aujourd'hui dans nos actes, nous irions dire à
ces peuples qui nous écoutaient : Arrêtez-vous! nous
ne souffrirons pas que vous alliez plus loin. Arrêtez-
vous! car ce que nous avons cru la vérité, c'était
l'erreur; ce que nous avons un moment tenu pour l'erreur, c'était la vérité. Et cette organisation, que nous
vous avons fait voir la plus avantageuse, nous l'esti-
mons la plus funeste; et cette condition, du sein de
laquelle vous sortez à peine, il faut vous hâter de la
reprendre. Retournez en arrière; renoncez à vos idées,
sacrifiez vos aspirations, car nous ne partageons plus
les unes, car nous n'écoutons plus les autres. Il
n'est pas d'autres droits que ceux qui ont prévalu
depuis des siècles; il n'y a plus d'autre justice que

celle qui jusqu'à présent a dominé dans le monde !

Mais en même temps, pas d'illusion sur la portée de nos paroles. Ne croyons pas à la facile résignation des peuples. Ne comptons pas qu'ils renonceront docilement à cette vie nouvelle, annoncée par nous, et entrevue par eux. Il en coûtera plus d'efforts pour détruire l'ouvrage commencé, qu'il n'en avait fallu pour l'entreprendre.

N'est-ce donc pas assez que nous, fils d'une révotion qui restera dans la mémoire des âges, ainsi que resterait dans la mémoire des hommes une longue et chaude journée apparaissant dans le cœur de l'hiver, nous n'ayons pas su ni voulu l'achever ? N'est-ce-pas assez que nous, qui avions pris l'initiative, en donnant au monde un si magnifique exemple, nous soyons restés en arrière de tous ceux qui n'ont eu qu'à nous imiter? N'est-ce pas assez que tous les germes de liberté répandus sur notre sol pour nous donner la moisson de l'avenir, nous ayons eu la douleur de les voir emportés au loin par tous les vents des révolutions et de l'arbitraire, et se développer, et fleurir, et fructifier sur des sols étrangers ? Nous faut-il encore entreprendre et consommer l'œuvre de réaction, nous faut-il encore pousser l'inconséquence à ses dernières limites, en courant attaquer et détruire tout ce que nous avions inspiré ou soutenu ?

## VI

En vain le gouvernement impérial voudrait-il se le dissimuler ; une grande masse de citoyens , sinon la majeure partie de la nation, avait espéré qu'il reculerait devant cette extrémité, d'envoyer le sang français couler en Italie, pour arrêter l'impulsion d'abord donnée par lui, puis obtenue au prix du sacrifice de ce même sang.

Mais, gardien rigoureux de l'honnenr du drapeau , il n'a pas voulu souffrir la violation d'un traité conclu sous ses plis. L'Italie a signé la convention de septembre, elle avait pour devoir d'en respecter et suivre les clauses.

Nous n'admettons pas volontiers que le chef de l'Etat, tout en usant de son droit, se soit lancé de gaîté de cœur dans une nouvelle expédition romaine. Il a fallu pour cela que la nécessité lui parût bien impérieuse et bien pressante. Et de fait, si la convention doit être révisée, c'est à Rome même, c'est en reprenant notre position antérieure que nous devons traiter de nouveau. Que jamais aucun pays ne se vante de nous avoir intimidés !

Mais, dans toutes les éventualités, nous avons un devoir à nous imposer, qui est d'agir vis-à-vis d'elle avec la modération la plus scrupuleuse. Nous ne pouvons faire autrement : imposons le respect de traités malheureux, mais bornons là tout notre rôle. Hâtons-nous de les remplacer par d'autres qui seront mieux appropriés aux exigences des temps. Il ne faut pas que les mânes des héros tués à Magenta et à Solferino nous demandent quel respect nous conservons de leur glorieux souvenir. Il ne faut pas que des mères ou des sœurs cruellement frappées renouvellent leur deuil, devant le sang stérilement répandu de leurs fils et de leurs frères.

Car nous nous étonnons en parcourant l'histoire, et nous nous affligeons pour la raison humaine, en lisant les récits poignants de nos guerres de religion. Et cependant, plus qu'aujourd'hui, la papauté se trouvait en péril. Le protestantisme armé d'alors, c'était une menace permanente faite au pouvoir spirituel.

Or ce pouvoir, en ce moment, se trouve-t-il menacé dans Rome? Non. Défendrons-nous au moins l'intégrité d'un dogme? Pas davantage. L'homme auquel nous offrons une armée a pour lui la vénération de l'Italie entière. Pour l'Italie, la personne du pontife est sainte, tout ce qu'elle lui demande, c'est de s'effacer comme souverain devant son intérêt politique. Certes, il eût mieux valu attendre une solution que le temps se fût chargé d'apporter, mais ce n'est rien lui demander qui touche à sa conscience.

Quand Napoléon Ier, irrité contre Pie VII, le fit enlever et conduire en France; quand il fit des Etats-Romains des départements français, quel compte a-t-il tenu du pouvoir temporel? Le monde a-t-il été ébranlé, s'est-il aperçu seulement de sa suppression? La papauté pourtant n'en est est pas morte. Elle est sortie de la lutte, victorieuse et plus honorée. Et Napoléon pouvait plus contre elle que ne peut maintenant l'Italie.

Autres temps, autres circonstances. A ce que Napoléon n'avait pas respecté, son successeur fournit un appui continuel. Ce que l'un des deux empereurs avait détruit malgré les Italiens, l'autre veut le conserver malgré les Italiens. Où était le droit alors, où est-il maintenant? Déplaçons un instant la question, pour la poser sous cette forme :

Que si la Papauté, renonçant à posséder Rome, venait comme autrefois, nous demander un refuge; que si, nous rappelant d'anciennes possessions de territoire, elle nous sommait de lui reconstituer là, de même qu'il fut fait autrefois, une autre souveraineté temporelle, quelle réponse lui donnerions-nous?

Eh bien! ce que la France ne concéderait pas, est-elle en droit de l'exiger de l'Italie? Est-elle en droit de lui imposer un sacrifice qu'elle-même trouverait insensé, si l'on venait à le lui proposer. Écoutons ici la voix du bon sens, nous reconnaîtrons celle de la justice.

Nous éviterons alors les résolutions funestes, nous n'irons pas lutter contre la force des choses. Si, pour nous, la victoire sur l'Italie n'est pas un moment douteuse, n'avons-nous pas fait jusqu'ici, pour la conservation d'un pouvoir des plus contestables, tout ce qu'il était humainement possible de faire? N'est-ce pas un principe voué à l'abandon, et destiné à périr tôt ou tard, celui qui ne sait plus exister qu'avec le secours de cinquante mille fusils.

Voilà une religion, sublime entre toutes, et dans ses conceptions, et dans ses dogmes. Son fondateur expire sur une croix, ses disciples pour la plupart terminent leur vie dans les supplices, puis par milliers, ses adeptes périssent en confessant leur foi. Et les prêtres du paganisme, sentant venue sa dernière heure, s'acharnent sur cette religion nouvelle, ils la poursuivent avec férocité ; ils n'inventent pas assez de moyens pour détruire ceux qui l'embrassent, ils les livrent sans relâche aux bourreaux, aux soldats, aux gladiateurs, aux bêtes féroces. Rien ne prévaut contre eux, et « le sang des martyrs, dit Tertullien, devient la semence de nouveaux chrétiens. » Un jour arrive, et les maîtres du monde, touchés à leur tour, s'imposent la protection de cette foi qu'ils voulaient détruire.

Et ses pontifes et ses évêques, ses chefs, deviennent les égaux des rois et des empereurs, et leur voix s'élève sur la voix des puissants, et leur volonté domine la volonté des forts. Et bientôt, oubliant l'humble origine et les préceptes du maître, ils prennent aussi place parmi les possesseurs de la terre. La religion suit une voie nouvelle ; les conditions d'égalité s'effacent, la hiérarchie s'établit rigoureuse ; le christianisme se transforme en catholicisme, l'Église apostolique devient l'Église romaine.

Et les Papes, imposant au nom de la foi leur autorité aux clergés de tous pays, les astreignent à la même discipline, et dans cette organisation savante, doublant leur influence auprès des peuples, ils trouvent un nouvel élément pour servir, pour étendre et consolider leur domination. Un orgueil grandissant les entraîne, au lieu de constituer et de rester le principe fondamental de l'ordre moral, ils aspirent à devenir la clé de voûte de l'ordre politique et de l'état social.

Les princes résistent à cette prétention d'universelle suprématie, les plus puissants engagent ouvertement la lutte, tandis que de plus faibles provoquent la réforme.

Devant ce danger subit, les Papes abandonnent leurs prétentions vis-à-vis des princes, ils consentent à l'égalité; la réconciliation s'opère; à l'esprit de domination succède l'esprit de persécution.

C'est alors qu'au nom du Christ, au nom du Dieu d'amour et de tolérance, apparaît dans le monde cette organisation monstrueuse, ce mélange raffiné d'hypocrisie et de cruauté, appelé de ce nom odieux d'Inquisition. C'est alors que d'un bout de l'Europe à l'autre les cachots se remplissent, les échafauds se dressent, les bûchers s'allument, les roues et les piloris s'élèvent; alors que le fer et la flamme du vieux paganisme apparaissent dans le monde chrétien. Que d'efforts impuissants! que de rage inutile! Bourreaux en frocs et en soutanes, monstres à face humaine, choisissez, immolez, entassez les victimes, vous n'y gagnerez rien. Le libre examen est entré dans le monde, il n'en sortira plus. La raison humaine a conquis ses droits, elle n'y renoncera pas, et nous conduira vers la libre pensée. Et l'Église romaine ne tiendra pas devant celle-ci, et l'éclat autrefois si vif de son prestige, sous ce souffle de l'esprit nouveau, ira s'affaiblissant jusqu'à la dernière lueur, et son règne, après avoir connu si longtemps l'apogée de la grandeur terrestre, sera fatalement appelé à finir. Écoutons comment, en 1720, l'apprécie déjà Montesquieu :

« Le Pape est le chef des chrétiens. C'est une vieille idole qu'on ensence par habitude. Il était autrefois redoutable aux princes mêmes, car il les déposait aussi facilement que les sultans déposent les rois d'Irimette et de Géorgie. Mais on ne le craint plus. Il se dit successeur d'un des premiers chrétiens, qu'on appelle saint Pierre; et c'est certainement une riche succession, car il a des trésors immenses et nn grand pays sous sa domination. »

Montesquieu n'aurait pu prévoir, il est vrai, que cette domination, un siècle et demi plus tard, arrivée à l'heure de sa fin imminente, prolongerait un peu sa durée, grâce à son pays même. Et malgré sa connaissance et sa pénétration profondes de toutes choses politiques, il n'eût guère imaginé cette situation étrange, d'un gouvernement comme le nôtre, obligé malgré ses précautions antérieures et sa répugnance du moment, d'envoyer son armée pour allonger la vie de l'*idole* expirante; et d'une nation, comme la nôtre, et qui liée par les traités, ne peut, malgré sa douleur, blâmer son gouvernement de l'avoir fait.

Voilà pourtant dans quelle impasse le défaut de
discussions libres, l'entrave aux essors de la pensée,
arrivent à fourvoyer les princes et les peuples. Aussi
funeste aux gouvernants qu'aux gouvernés, l'absence
de la liberté leur crée les situations les plus fausses;
elle sacrifie les uns aux autres, quand elle ne perd
pas et les uns et les autres.

## VII

Que si les conséquences politiques n'en deviennent pas désastreuses, ne déplorons pas trop cette intervention! C'est l'une des dernières agonies du vieux monde, et ton triomphe, ô philosophie! n'a jamais été plus certain. Ce pouvoir, menaçant dès les premiers siècles, dominateur au moyen âge, persécuteur dans les temps modernes, ce pouvoir, aujourd'hui, regarde : il est miné dans son principe; il s'est usé dans l'opinion; il a voulu rester immobile, et il a trouvé la mort dans cette immobilité. Ce qu'il lui faut, à cette heure, pour lui faire illusion sur sa force morale, c'est le déploiement le plus étendu de la puissance militaire; ce qu'exigent, pour se maintenir, ces ministres de paix, c'est l'appareil et le bruit de la guerre; ce que demandent, pour prolonger leur domination mourante, ces hommes de droiture et ces amis de l'humanité, ce sont des remparts de fusils, ce sont des promesses de destruction et de mort. Réjouis-toi donc, philosophie, le jour de ta victoire incontestée s'approche! Exalte, ô libre pensée, exalte à présent ton triomphe, car les lumières que tu as projetées sur le monde, ont fait briller partout leurs clartés ! Le fanatisme et l'ignorance ne dominent plus parmi les peuples ; la résistance au progrès, la haine de la liberté, auront bientôt fait aussi leur temps. Ces baïonnettes autour du Vatican, ces canons sur les forts de Rome, et ces soldats dans les plaines de l'Ombrie, c'est la fin de la papauté au temporel ; c'est la preuve de sa faiblesse, l'aveu de sa défaite la proclamation de sa déchéance.

Paris — Imp. Balitout, Questroy et Ce, rue Baillif, 7.